Canciones iguales

ALCIDES HERRERA

Canciones iguales

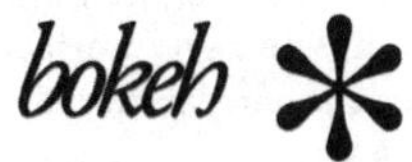

De la tristeza, de la postergación sólida, toma
el cuerpo su hambre. Y donde empieza el mar,
coleccionando piedrecitas, sabe que hay alegría
en otro sueño, que un día allí despertará.

Poema

Yo habría querido una eternidad sin nombres,
sin venerables templos,
sin la mirada inquisitiva de Madame Blavatsky.

Yo habría querido un sitio blanco y días blancos,
ninguna memoria de las cosas que pudieran ser
–los nombres, los venerables templos,
la mirada inquisitiva de Madame Blavatsky.

Yo habría querido felices rondas,
abrigo en el invierno,
nostalgia de los muchos prados
que merecerían vivir un día más.

Yo habría querido una eternidad
en que tu nombre fuese el Nombre
y no los nombres,
los venerables templos,
la mirada inquisitiva de Madame Blavatsky.

Luz propia y de Cristo

¿Quién quieres ser? ¿Depende todavía de tu persona? ¿Qué mundo libre, infinito a las seis, tú quieres ser? ¿Qué labios, qué movimientos, qué cultura de algo? ¿A quién le suspenderías una guerra, qué voz salvaría un golpe tuyo, uno que no esperabas? ¿Qué amor, qué hijos, qué isla propia? ¿Cuánto imaginarías viendo esta luz en la oscuridad? ¿Junto a quién te enterramos y en qué lomita y viendo qué? ¿Si te dan tiempo en realidad nos hablarías del mundo?

Del pozo actual

No es mi aire
ni hay un espejo en el que te vea,
no desvestida
sino llorando
por causa fugaz.
El pozo actual, las marcas, algo para beber.
No te persigo,
busco a terceras,
veo tus lilas.
No es orgullo
ni hay un secreto para los ojos.
Del pozo actual,
con marcas,
saco valor,
no desvestido sino llorando
porque te borras.
Se enfrían delante de mí
o resucitan.
Más laterales:
amor actual,
vodka,
naranjas.

Dominus regnavit

La extraña noticia de la inmortalidad
ha surcado los mares
para llegar hasta tu fría casa.

Sobre la mesa, los alimentos
confluyen con el orden universal.

Pero tú escuchas a las ratas
en el viejo caño, tú
contemplas el estricto jardín
que ya sirvió de sepulcro
alguna vez.

Lo tengo escrito

Me robo la energía de la nueva corriente.
Lo tengo escrito, alargo para nadie el manual.
Simulo porque vienen a buscarme.
Te hablo de la orilla verdadera,
del cielo en Sancti Spíritus.
Me llevo a las casuales
y entretengo a los bueyes.
Alcánzame el sombrero, dame agua muy fría
y no voy a morir.
Simulo porque el año es diferente.

En las afueras

Alguno contempla mis estigmas en el bosquecillo florido. Ha comenzado el plenilunio. La luz antigua me retiene junto a la flor de loto, justo allí donde vuelven a conquistarme Sus palabras. Yo permanezco arrodillado, anunciando los pasos de quienes buscan el oro del entorno, el milagro de Su rostro en las aguas. Nadie dispuso este silencio a los que ya son súbditos de un reino total en las afueras. Lejos, ya en el alba, alguno querrá besar la cruz, pero el estanciero habrá muerto. Los portones pesarán como la propia vida.

Iniciáticas

1.

Al beso rojo precedió la danza
del beso rojo, la prisión de un beso
cuya vigilia, mi Señor, fingía.

2.

«¿Qué has esperado?», preguntó la sombra
casi en el puente o en el puente. «Poco»,
dije en el puente o en el río blanco.

Entre leones flacos

Se mantiene,
camarones alfredo,
en lo de la síntesis.
Yo atestiguaba para mí,
entre leones flacos,
previendo la hora de mi poder.
Se mantiene y describe las actitudes,
sólo por esta noche.

Luz de plata

Caía el cubierto desde la altura,
por el cielo infinito,
arriba de una muela.
Cuando los pájaros
realmente se van (ocurre a menudo),
se agarran de esta línea,
se convierten en luz de plata,
no sé por qué.

Nos abandona

La mucha necesidad de sentido
nos abandona en un lugar peor: el sinsentido.
¿Te gustan los gatos?
En realidad lo que sientes es envidia.
Su vida es un instante
y la tuya requiere justificación.
En realidad sigues en una isla.

Acres

Qué espiritual todo eso del desierto,
los acres baratos, la desolación.
Pasan y uno se sube, uno desaparece.
No planté ni viví. Todavía me caigo
en los charcos, todavía me gusta,
todavía tengo acidez.
Fue pronunciado, acaba
en murmuración, la palabra
se eleva sobre West Hialeah.
Termina con esta obra rural,
como lo has hecho: elévanos
sobre el mundo.

Casa estival

Vas del cuerpo a su luz, del polvo al oro.
Y en la casa estival todos te buscan
como al sueño que invade las estancias
y define un color, su extraña música.
Los pequeños que, ungidos por la noche
te ignoraban ayer, hoy se desnudan
junto al lago diverso, escriben signos
para el día sin muerte que se anuncia.
Pero tú vas del cuerpo a sus palabras,
y si alguno repite las preguntas
no hallará más respuesta que el desvelo
de la casa estival, y más preguntas.

Asedio

Mejor será que le repartan entre los monjes de la ciudad dormida. La sangre, las antorchas de la sucesión, los libros ofrecidos en la plaza pública; todo regresa bajo la forma solitaria del gato. Mejor será que los extraños dividan su cuerpo, extiendan el manto indivisible, preparen su noche como un día.

Ajo blanco

En Coral Gables
me vuelvo a reconciliar con la calabaza,
redimo el bacalao internacional,
recuerdo los dátiles.
Hoy ha de bastar la reunión sencilla,
un balance animal, sabores
que nadie habría imaginado antes de abril 12.
Tú puedes extender el decorado, la casa
puede ser mil veces un gran símbolo
y la energía bailar, hacer detalles
que todavía no son de este mundo.
Cuando despierte, momento laborioso,
mi primer recuerdo se llenará de ajo blanco,
de los acordes de ocho opiniones,
de una esperanza gráfica.
Si es miércoles, la resistencia se ríe de mí.

Baltimore

Con Lisa en Baltimore,
una escena pendiente,
oigo la música de los cordales.
Línea de la mordida, me despierto
a deshora para mirar.
Flota mi cuerpo
y flotan los cuerpos
y estoy en el puente del Zaza.
Aflojo,
una por una,
las tuercas.

Comedia simple

En los grupos, puesto que marcho bien,
puedo besar el polvo, hablar
de esas canitas
cuya vigilia es Tres, es Siete.
Oh dulces grupos que no ha escogido nadie:
no voy ni tengo casa. Y algunos
que velan y velan en la ciudad dormida,
no se preguntan si volvió.
Puesto que marcho bien, terrible
nunca estuve –nunca, padres,
al aguardar el Fin,
al contemplar lo que otros vieron.
Las nubes bajas, ese retrato
para llorar después,
me siga o no, se olvide o no.

Las bodas

Aguardo el suceso de la luna
y las bodas emergen
como una explosión en las oscuras galerías,
una oración junto a la misma fuente
que hace olvidar,
fingir la vida nueva.

Señor y Padre mío,
ninguno verá tu inconfundible rostro
bajo un cielo distinto,
pues no habrá más cielo ni más vida
sin estas bodas,
sin el abrazo de la luna.

Cincinnati

En *Jungle Jim's* compramos
una cerveza diabólica.
Mira qué puesto me dieron,
líneas de Asia, miel.
Fue reservada. Fue restringida.
Así destapa la reunión,
así reúne palos. Yo no sé qué edad tengo
ni cómo voy a alejarme de un grupo.
Mira qué agencia.
Mira los huecos en la nieve.

Uno (estable)

Ella leía las Advertencias
del Cirujano General. Su piel era suave.
Sobre su cara

jugaban la sombra y la luz.
Tendidos en la hierba,
con ese calor, hablábamos de morir.

Pero era estilo, era la sangre
que se contiene.
Ella observaba o leía,

me regalaba Uno (estable),
abandonaba
el Jardín de Nuestro Señor.

Tenía fiebre

Mi amor se escurre en lo provisional,
en el mandato físico. La vida está empezando,
está acabándose. La muerte
y el lío del corazón, frente a la nada,
contando las gallinas por última vez.
Su punto de giro: tenía fiebre
y la guagua dobló en la 26, rezó
a la Virgen y mejoró.

Danish song

Es una bruja pero también, lo sé,
una mujer simple: no quiso contagiarme
pero lo hizo. Hay una puerta
y ella está a ambos lados.
Like a bird on a wire, vive en el tiempo
y fuera de éste, azul.
Mi banda, comprada
en el mercado de la Basílica,
nos unió una noche, dos noches.
Si la extraño
alcanzo a verla en la oscuridad.

Algo light

En la variante más bien sureña, te alcanzo y te pierdo
y ambas representaciones son grises.
Todo ese humo en los patios del Sur,
un destino hecho de pan y agua y horas fijas.
La súplica no es mía ni sus monedas.
Con uno de Meneses,
reiterador y cínico,
aprendíamos a hacer silencio frente al silencio.
Y ahora está Dividido,
y en la variante más bien sureña, junto al manzano,
se sienta a fumar algo light.
Te hablo de otro tiempo,
cosa que no hago nunca,
para que observes una regla de duración.

Ahora

Veo tu enorme ojo en el cielo.
Pensaría que ya
me pasó en Jarahueca y vimos que el silencio era físico,
que la reacción era cultural,
esta muela,
un siglo después,
mía,
la hierba se puso más verde,
esta enumeración.
Mi viaje es químico,
mis huesos no son como hace tres años,
baba.
Me gustaría mejorar.

El nombre

No vengas, cuando ya seas un ser sin existencia, el día de Claret: no bajes al río a preguntar ninguna cosa. Esas montañas habrán de parecerse a las que, en Sancti Spíritus, no se parecen a ninguna. No hables, no escribas algo: no vengas el día de Claret.

Manchas

Insistencia en lo del Padrino, sospechoso de un aspecto budista, pero en todo tiempo amarrado por la cintura para espiar. La Calle de la Feria era extraña. Y más aún que fuese la de otros días. Insistencia en lo de los Números, café distinto. El problema era simple pero faltaba algo. En las paredes vi tres manchas de grasa.

Ocasional

Se vuelve, ocasional,
a los eventos de Juana la Loca,
preguntándose dónde estará,
qué hará, cuántos bobos
la habrán tocado.
Un pensamiento inútil.
El suyo gana, como el calor.
Se vuelve al número,
al aliento, preguntando
al espíritu de las nubes.

Lokanatha

Oh extraña sombra
que ya eres noche,

que ya eres día,

nunca le ignores
como al imperio
de los que ignoran;

guárdale siempre.

Bismarck

Has escuchado ya esos golpes en la puerta, y duelen más que las angustiosas prisiones de la carne y que la blanca cera sobre el rostro. Mañana, cuando las fiebres estén de vuelta y el sol avance definitivamente hacia el Sur, hacia el alcázar de Yama, podrán ofrecerte su inextricable reino los Señores de Tenebrosa Faz.

Una vez dentro

Una vez dentro,
el mate domina la situación.
Al corazón le dice:
«Estoy caliente».
Valor en la hora fula,
una vez dentro, anima el centro.
Si pasa el tren
o me señala un pájaro azul,
cagándome,
al corazón le digo:
«Estoy caliente».

Para no conseguirla

Para no verla
se pone espejuelos de sol.
Para no acabar ejemplificando.
Las cartas en el piso,
presente y formación
de un espacio nuevo.
Ay de los que se acerquen
cuando esté por allí,
varado en su historia.
Ay de nosotros,
pues una parte regresa
a la tierra, una parte
es atraída por el vacío.
Para no conseguirla
repasa el caldero de la mente,
los ejemplos de saciedad.

Les noces

Confundiendo la oscuridad
con su perpetua música, ya pretendimos
el dédalo a que cede
la rudimentaria soledad de la noche.

Preludios, noches, felices encuentros
e infelices, voces que instaura
la definitiva voz
que nos define si en el agua buscamos;
todo en la noche que no cesa
deja escrito su nombre.

Desnudos,
aquí estuvimos siempre,
aquí estaremos.

Lateral

Una luz lateral,
intento moverla,
aquéllos que tuvieron un día largo
moviéndose al sur eligen US1,
encuentran mierda,
encuentran esperanza.

Tiene reparación

Arregla
el daño visible de un Buick.
Si fuese
esclavo del mundo,
en este sueño lo sabría
la gente del mundo.
Tiene reparación,
metido en un Buick:
se hace un lugar
entre los planetas.

Ley de alquileres

Un solo fenómeno. No estás afuera. En Hialeah cantan los gallos y en el sueño trabaja el observador. Si el poema ya está en la vida, es traspasable. Cuando Manuel Sosa hacía carbón, lejos de la cultura, su cuerpo era lo único que tenía. Vio las líneas que hay, un camino entre la hoguera y el sol, y sólo su cuerpo lo recuerda. La poesía es todavía un letargo: te da la yerba que necesitas y en realidad te abandona; es anormal cuando no te dispone para la muerte. Si tu cuerpo te mira, entra en la zona de la descripción; va a proponer objetos, inmediateces sobre el misterio físico. La comunicación que has visto entre los animales, el empuje, el baile que dura una noche: lo que convierte esa excitación en victoria es la mirada de la muerte. Te lo prestaron. Es prestado. Estás en un lío con la descripción pero sabes que el placer es divino, es placer.

En el valle

Amárrate,
me dicen.
No pasan diez minutos y empiezo a beber,
pierdo mi eje,
pierdo mi banda:
la luz me sonríe en el valle de los desamarrados

Para mañana

Para mañana se habrán desintegrado otras islas,
canciones perdonado esta visitación, roce, mi pibi,
tu apocalipsis recortado.
Para mañana habrán puesto la mesa, conseguido girasoles
de los que limpian claustros
redondos, y ella mencionará una pelirroja en Surry Hills.
Para mañana quedará mi boca en tus espejos.

Madrigal

¿Cómo te apartas, si es que te viene mi recuerdo bajo
    un naranjo, entre figuras, y habla de un tiempo
    cruel y hermoso?
Según Cadelcio, tenías más encarnaciones, y subiste
    esa cuesta muy empinada.
¿Pensabas: «No debe merecerme», mientras que yo
    pensaba en Cuba (Alfredo Cuba) y envejecía
    más?
Hoy tú te apartas, como también se apartaron los del
    coro, como se aparta el cuerpo.
Hago lo mismo, a discreción, entre figuras.
No pienso sino en Delfín, que también escoge quedar
    fuera.
Lo traen un 3 de abril, fiesta de san Ricardo, a una
    hora en que duermes.

Trailers

El espacio no es crítico ni nada,
hay vasijas con miel, países flacos,
hay amor y se esconde en Carol City.
Esta noche te lloro y la siguiente,
resucito, me lavo la cabeza,
el espacio me ayuda y lo describo:
en un campo de trailers lo divulgo.

Debajo de las burkas

Ya no dirá «metástasis» antes que yo. Pasó la guerra. No
me estimulan los bonos del Tesoro. Debajo de las burkas, la
mujer interior, que es bien intencionada, sufre por ella y por
la tierra y nos lo canta:

Esta es la libertad: describir
la arepera antiadherente, por mencionar algo,
en vez de la venganza.
Esta es la sensación:
algo nos va sacando todo.
Cuando regreso del mercado
o lo veo en un sueño,
me desamarro collarcitos.
Esta es la libertad, por mencionar algo:
no escribe tu nombre
ni recuerda
la noche en que te parieron.

Aguardando

Aguardando en esta feria
porque Dios duerma otra vez,
jugamos al ajedrez
como un don de la miseria.
Dulce Mar de la Materia,
cada sueño aquí sería
como la triste armonía,
la esperanza de los otros.
(Comiendo junto a sus potros
me sorprenderá el Gran Día.)

Poema

No me quité el reloj, en lo provisional de un encuentro,
        y quien primero dice: «Hazlo» y después me abandona,
        puso dos nuevos cirios.
Mi papel no fue mejor que el suyo, ni peor, pero seguí
        despierto por meses y años, vigilando una culpa,
        preservándola de las irrupciones de la Gracia.
¿Qué no merezco yo, que hago justamente el papel
        que no me gusta, el de la Deuda, y abandono el examen
        para llorar?

Un muro

Están llegando tarde.
He levantado un muro y ya no me ven.
Antes me anticipaba cinco segundos,
más o menos el tiempo que dan.
Ahora los golpes son invisibles.

Arroyo Arenas

Este soy yo. No estoy frente a las cosas sino entre ellas. Me vuelvo luz. Sigo esperando que me recojan. Buscamos la esperanza, la explicación de todo, miramos la vaca de dos cabezas. Lo estoy cantando. Vuela bajito, como en una canción, lo que importa es la pérdida de la forma. Me alejo un día antes, recapitulo, vacío la lata. Por un rato soy yo, ya que las cosas viven en el tiempo. No tengo que pedalear hasta Arroyo Arenas: tengo que recordarlo.

Castillos de aire

Me la aplicó
para que levantara castillos
de aire, para llenar
de fenómenos el vacío.
Me pone en una ciudad
o fuera del mundo, procura una mujer
y la hace brillar delante de mí.
Entre sus piernas soy verdadero.
La veo pero no sé dónde está.
La muerte es difícil
por su descripción.

Azuquita

En ese mundo hay príncipes para ti,
una escuelita fácil de cruzar,
parientes inmortales.
En el bosque de los honguitos futuros,
con trenzas largas, escucharás una canción,
se te despertará el amor por la cocina.
Si fuere España, de mañana y de noche
le escribirás a nadie,
contando relámpagos y piedras.
En ese mundo que es una sola melancolía,
una oración, flores conformes,
hay para ti memoria,
hay para ti Jamaican patties.

De verdad me provoca

De verdad me provoca,
pues sube a su teatro y actúa casi para nadie,
contra mí,
y recolecta cumplidos livianos,
risa liviana,
y nunca se plantea despertar.

No espero

No tengo una célula domesticada,
no espero llenar el mundo de aire,
lo que se apunta con antelación,
lo que se espera
en vano,
frente al materno de Sancti Spíritus
es siempre igual y diferente.
Me he mantenido pasando la bola,
no espero zafarme,
comprender.
Describo una punta de su estrella,
lo sufro un poquito,
como si fuera algo casual.

Playa desconocida

Un mantenido,
un príncipe,
una lista de agradecimientos.
Sobrevive hasta julio,
siendo albacea
de tu legado,
y llega a una playa
desconocida. Un buscador,
una imaginación.
Y regala los cocos,
la existencia,
y recoge al Elefante de Asia.

Armagedón

En el Poema sigo escondiéndome de ti. Así ocurrirá hasta que decidas parar el mundo. Cuando te vea, yo pediré perdón, entregaré las pocas armas que me diste. Después veré qué hago. En los poemas.

Monte Real

Medicina de ricos,
aparición pública de mi mujer.
Debo mirar a través
de las cosas. Si el animal
puede resistir, se sube
al Monte Real, describe Sensuales,
repara en las nubes
de este mundo.
Debo mirar los átomos,
medicina de nadie,
ser compañía de las hormigas.

Casi de rojo

Pensaba, bajando por Catorce,
que tus días son algo, y que me tienes,
aun en tardes así (casi de rojo),
pervirtiendo el sentido original.

Yo no hablo. Muy cerca está la playa
y tus ángeles pueden, esta vez
demorar el dibujo, hallar asiento.
Una verja me impide ver el fin.

Pensaría, si es tarde, en esa mano
que dispone lo suyo (que te pierdas),
y en los ojos de alguien que no veo.
Una verja me impide ver el fin.

De nadie

Explotó con la emoción pura,
aún no ha pasado tiempo,
no me revisan ni me devuelven innecesariamente.
Aún me provee de síntomas.
Insistí porque ese desierto es de nadie,
con palabras de nadie,
y nunca sabré.

Se va a precipitar

Un príncipe al que dejaron en la cocina,
una moneda que nadie trae,
una deuda con la candela. Se va a precipitar,
siempre de noche, cuando un estudio
es removido por otro. Siempre a su altura,
la variedad de reinos de un día.

Frío de siempre

Frío de siempre,
uno interior.
A su manera cortaba el pan
al probar con Britannica,
volviendo al asunto,
al separarse,
frío en los huesos,
en el número.
A su manera pedía fe,
los resultados en la izquierda,
volviendo al asunto.
al separarse,
y en nada ve remedio.

Mediodía de un deseo insaciable

Me gusta perderme
en esa velocidad letárgica
que arrastras, y responder
la adivinanza de las nubes.
Encapsular el vapor
que me regalas. Enamorarme.
Esa brisa (suave) que acaricia
gradualmente el capullo
de mi alma. Reflejos y sombras
que se funden.
Movimiento palpable.
En cada una de mis venas
se esconde un universo extraño.
Un gemido. El recuerdo
que grita tu nombre.
Insaciablemente y sin reproches.

Demorar un reflejo

Imagina que puedo escribir un cuentecito
que viene al caso;
consigo una historia entre muchas,
doy con la sensación y los fenómenos.
Lo único que rueda es la existencia:
el ser se involucra,
se quema un poco,
se mancha de fango,
tiene ganas de manejar al amanecer
hacia cualquier lugar,
quiere clavar los ojos en lo que existe,
demorar un reflejo.
Nadie nos enseñó a mirar la muerte
pero nos hablaron de esta salida y de aquella:
imagina el amor
que no deberíamos aplazar.

Fin de algo

Me hiciste un sitio,
la tarde fue más gris;
por mucho tiempo
fue suficiente
mirar aquel cedro.
Mi destino, la tarde nueva,
mi ceniza esparcida
por Santa Ana: lo que una vez
fue Cumbres. El fin de algo
me hace pensar
en la Avenida de los Mártires,
donde te observo,
donde me preferías.

Dando

En el patio,
donde la idea dorada se completa años después
para siempre están reflejándose,
sin protocolo,
dando.

Balada irlandesa

Mula de Orejas Caídas, en el espíritu
te he contemplado bien —es mi gozo—,
y si no te doy un nombre
es porque yo mismo no lo tengo
ni he de tenerlo mientras viva.

Yo, que a veces silbo algo,
el Día Bueno
habré pintado de rojo estas paredes,
y leeré en voz alta
lo que ahora se nos queda.

En esa Irlanda
en que has tenido pasto y yo hambre,
alguien pondrá juntos nuestros cuerpos,
Mula de Orejas Caídas,
y volveremos a ser la misma cosa.

Mientras el tiempo pasa

Tú me elegías, y mi nombre pasaba de boca en boca hasta escucharse en la arquidiócesis de Utrecht. Yo elegía un oficio y heme llorando como uno que no sabe: hoy no me vences, pero tus duelos me hacen querer y no querer mientras el tiempo pasa.

Campo de girasoles

Campo de girasoles,
su preeminencia
que va del sepia al amarillo
y su nombre,
campo de girasoles,
que ya no tengo.
Cuando se le parecen,
y eso ocurre a las seis,
los girasoles me aíslan en la visión,
campo mío,
un día, y siete, y mil
que atravieso sin pensar.

Otro día

En el paseo me llega el olor de las rosquitas.
El sol se levanta sobre la ciudad y pasa Jaramillo,
el del judo,
su comentario.
La marcha sigue,
perros.

Vida sin elementos

Puedo estar vivo
como esos monos que son siempre uno
o como el oso:
vida sin elementos.
Puedo estar vivo;
en el zoológico no me preguntan nada:
vida sin elementos

No lo hago mal

No lo hago mal.
Mientras se simplifica
la Pregunta, un dios menor
reina sobre los cuerpos,
les da sentido, mueve al Propio.
Yo simplemente no lo hago
ni busco una opinión ni alcanzan
las muchas fiestas para verme.
No lo hago bien tampoco
ni enfrío cervezas para alguien
ni te borro en un sueño.
Mientras se simplifica el mundo,
México espera.

Hasta el último

En su mano derecha yo vi una isla,
nuestras miradas se encontraron en Chapultepec.
Algunos días es mi primer recuerdo.
Sobre una mesa escribí estas palabras:
«Te llamas Julia,
te llamas Verónica,
me llamo Puerta Exterior»,
palabras que ya escribió Manolo.
Decir su nombre tiene que ver
con despertar a las cuatro, con olvidar el mío.
Hoy las imágenes
se convierten en una sola imagen:
todos mis días en la Obra,
hasta el último,
despertaré sin Julia.

Canción en Los Olivos

Poseer, a lo sumo, un caballo (lo cual es lícito), y enveje-
cer, si no cerca, al menos no muy lejos: tener mi cuadra. Lo
que digo y no hago tiene su propia muerte; lo que hago y no
digo, su paraíso. Poseer, a lo sumo, un caballo (lo cual me da
alegría y pena), acariciarlo como si fuese un nombre: esperar.

Close up

La mariposa se deja fotografiar.
Si soy poeta,
si alquilo un patio
ya estoy separado de lo que existe,
el susto pequeño de la mariposa,
de la vida a la muerte,
de la muerte a la vida.
No es para mi pequeño,
no se me acerca.
Ya me dejé pasar:
te fuiste del mundo y yo lo veía.

Es desencuentro

Sujeta a revisión
cuando han pasado mil años
es desencuentro,
llena sus recipientes
aún en La Víbora,
queriendo borrar todo,
pongo más vodka:
traigo al vacío la petición.

El matador de grasa

No sé en qué dirección voy a caer,
si van a devorarme las sombras.
Abrí la caja negra: saltaron los espíritus
y se mezclaron. No sé en qué dirección
me van a cortar. Baila
mi muerte. Baila el cielo.

(Here, *le Patch*,
el matador de grasa.
Hemos pagado por la televisión,
al describir todo: twice, le Patch;
here and twice.
Hemos pagado por el derecho:
una fraternidad del Bronco,
una fraternidad del DTC)

Mi desazón

Un día camino por 14 y otro contemplo
subido a un tren
como pasan los campos.
Yo tiemblo y es por ti.
Un día que no conoce días,
aire,
mi desazón cruza muy cerca,
es algo.
Yo tiemblo y es por ti.

El impulso

Buscaba al Pez Sombra
y apareció Séptimo.
Ahora lo puedo recordar,
es esclavo de mi visión.
Dos líneas de plata,
anchas arriba,
finas abajo,
lo hacen visible.
Se recorre.
El testimonio extravagante
que tú esperabas,
mi abandono por Trinidad.
Voy a romper ese vínculo,
el impulso.

En la carroza unánime

Desatendido el hurto y
en pena sin labios,
también el huerto
de rodillas he escuchado esa lágrima
en la carroza unánime
antes de pensar,
este cordal ha salido a comer.
Viene de muchos meses emparedado
y por el gusto del limón
que abra y cierre la boca
y lo ponga frente a capilla libanesa,
ha de querer
pues en diciembre recibiremos al hermano.
Viene porque ya ha muerto en el cielo.

Era un tipógrafo

Tiene el amor y sus objetos casuales,
tiene la sopa,
tiene la muerte. Era un tipógrafo,
tragaba tinta
y se despegaba.
Hay ecos en el aire,
por la ciudad y por el campo,
y algo se puede recomponer:
el sujeto fundido,
el número,
la serie.

Fría

Vendiendo maní,
dejando atrás el español mexicano,
le puso nombres a su hijo.
Barriendo las hojas que el viento barre,
se va a gastar la cara, se va a perder
en la impresión fría.

Las deudas

Retienen a su bebé por falta de pago,
un poema no salta,
un envío no les corta la cara.
Esclarecen la historia
reduciendo las deudas a la mitad.

Ángel de unas cosechas

Si la menciono es que existía la ridiculez. Yo soy el Cónsul, y no me creo indigno de dirigirme a su humilde persona –¿a quién si no? Beri ha surgido entre nosotros y es muy gratuito, pero no será su ridiculez la que baje la guardia, y mucho menos la del Cónsul. De este modo, uno de nosotros, probablemente el más ridículo de los dos, tragará tierra y hará repaso de la vida y verá el hilo famoso de su sangre. Soy descriptivo. ¿Pero de qué otro modo podría dar un ejemplo a los que miran nuestra batalla desde afuera? Matarme haría su vida más difícil, pues me imaginará por el campo, ángel de unas cosechas, ladrón de su novia provisional. Cónsul porque recibo, entre otros dones del presente, el muy temido de la paciencia. Por eso entre nosotros hay un muro, hay sangre, hay épocas diferentes.

Desde un costado

Voy a dejarles una pieza de colección.
Voy a salvar el mundo desde un costado,
con aire de menos,
cuando no sea tarde ni sea noche,
cuando tenga brillo la oscuridad.

Down

Parece que estoy down,
parece que no estoy en San Sebastián.
Esta bulla,
préstamo de la vida,
se instaló para siempre.
Purifico mi campo:
me auxilia un sentido sobrenatural,
desaparezco.

Básicamente yo me torturo a la vizcaína, con la perfecta observación de cada paso. En mi tristeza trabajan guías de turismo, alegradores de un ambiente, filósofos del objeto. No te despidas más de una vez. No digas que no. Es un rato.

Ya viene

Mira mi brazo, mi cerco, o alza la vista,
que ya viene lo que llamabas «tempestad».
Mira unas órdenes, que yo me aseguro de no cumplirlas
–de vaciar, en ésa, tu misión, cada colmena
y despertar en Sancti Spíritus, pueblo que temo
y que me teme–. Mira las coristillas de los átomos
mientras te alejas
y tu bodega se ríe de ti,
y la distancia se ríe de mí.

Ni un puente firme

Duermo en el Este,
en el amor. Ya no hay «sin ti»
ni japonesas vigilando por ti
ni un puente firme
para encontrarnos en el medio.
La mente ha dejado de hablar
con la mente, ay,
y no te mira.

Diez Sefirot sin nada más

Únicamente ustedes, intentando guarecer sus cuerpos de la definitiva lluvia se han atrevido a llamar a esta puerta.

Maeterlinck les ha ofrecido la justa copa.

A través de esas ilusorias ventanas, tan sólo alcanzarán a ver las escenas del Calvario.

Los estados

Hay ciertos estados, se verifica en varios de ellos, en los que
se comprueba la destrucción. Hay mártires por eso. Testigos
de los mártires. Menos comida después de eso. Mientras se
hunde el más bonito de los cruceros, mi amor se hace grande,
te perdona.

Nunca pensé

Nunca pensé en mi animal de esta manera.
Canto y mi voz es física;
me pongo a esperar y él me acompaña,
bordeo su estado,
el mío.
Mi potencia se basa en insinuaciones,
en una antología,
en un estado de relación.
Me corrigen el español en inglés,
volviendo a lo mismo
y esa distancia es magnífica para nosotros.
Nos acerca y nos da de comer:
menciona el punto,
quita el lío mental.

Upwards

No voy a superarlo.
Si quieres oír la verdad,
estuve escribiendo sobre mi hazaña en el Ambos Mundos.
Qué bueno cuando alguien salta por ti
aunque no sea predilección sino instinto natural,
como la tristeza cuando viene desde de la tierra,
pasa a través de mí y sube al cielo.

Víspera

La realidad tiene que ver conmigo,
pasa el camión de la basura y se lleva parte de mí.
No puedo organizarme,
seguir hablando en primera persona.
No puedo resistirme
pues todavía el futuro baila frente a mí.
Madre del mundo,
he sido ligero
más de una vez,
contigo,
presumiendo de algún poder.
He aquí la súplica
antes de regresar al estado que tú conoces.
He aquí la víspera del perdón.

Era voluble

Era muy joven.
Me curaba el catarro con anfetaminas,
agua de lluvia,
claridad.
Cuando alguien entraba a mi territorio
yo lo ponía fuera
usando un golpe maestro.
Entiendo por qué te agarrabas al pasado,
a la candela que no se apagó.
Los monos se parecen,
los días se parecen.
Era voluble y me sentía parte de una fuerza.
Mi casa se elevaba sobre la ciudad.

Tratamientos

Yo, que vi las coristillas de los átomos y también a Jesús, hoy devuelvo unas llaves. Sin las palabras («el hijo del hombre no tiene dónde reclinar la cabeza»), sin el mareo de uno de los sótanos de la realidad, camino un paso. Las marcas que te hacen, el odio acumulado por generaciones, son mi heredad. Aún nos castigan por echar margaritas a los puercos y aun así las echamos, siguiendo el ejemplo de nuestros padres, que nunca acaban de morir. Yo sé que estas imágenes se borrarán y que veré de nuevo las gotas de agua rodar por las hojas del cedro, el verdadero brillo del mundo. Se aprende poco: no va a destacarse la aprensión más que el amor. Sin la visión pura, se hace difícil devolver unas llaves sin comentar la vejación doméstica, la puerta cerrada para siempre. Amor no es pedir llaves; odio tampoco es: sólo la consecuencia burda de unos tratamientos. Jesús no dijo algo, pero alabó la circunstancia de ver de nuevo, en su presente encarnación, a Juan de Yepes −en el baño de un motel de la 42. Las dejo encima de su mesa y dejo que mi estómago se despida, pues el corazón hace mucho se despidió, la mente estaba en otra parte. Son las cositas por recordar, cuando haya pasado el tiempo del «amor» y el cuerpo no sea deseable y «la persona» se conforme con los recuerdos de tres humillaciones (básicas) que sería feo mencionar. Yo, que he visto el futuro, la muerte pareja, hoy devuelvo unas llaves. Ya no echaré margaritas a los puercos; no abriré puerta alguna.

En otro lugar

97

Una parte de mí se siente cómoda en este campamento.
Somos personas,
somos de la tierra y nuestros padres son de la tierra;
improvisamos una reunión para olvidar la muerte;
llegamos a inventar la pastelería.
El resto de mí espera
en otro lugar
que su hijo regrese.

Quiere algo

La asfixia tiene su propio manantial en un monte que ya
no recuerdas. Allí fuiste feliz aunque andabas, has de recono-
cerlo, distraído. Río abajo fuiste perdiendo el rumbo y ahora
el placer no es victoria. No ves el monte pero tampoco ves el
mar. La asfixia quiere algo contigo.

Fault

Al menos a mí me interesa la Serie Mundial.
No estoy dividido.
Me fascina que te voy a perder,
que estoy perdiéndote.
Aunque eso dure un día,
yo me intereso en la Serie Mundial,
evado el concierto de forma dura.

Exilio

Sin este exilio compartido
no cantaría por tu exilio
los mil fulgores, El Fulgor,
la lluvia roja y su vigilia.

Todos acuden a fingir
y escucho el canto.

      Padre Mío,
dime que existen, que no es sueño
con que procuro consolarme.

Provoca

Y gobierna este día: no hagas nada;
«academias» del aire no son tuyas
aunque seas el aire, el principado;
tan dichosa que dudas de la muerte.
El ocaso amarillo y esos tigres,
que no son argentinos ni son tigres,
hoy arañan el mármol, la memoria.
Y gobierna este día: ya está hecho.

Vamos al delta

Cuando yo abandono a los egipcios,
cuando te llamo, cuando te quiero,
muy pocas nubes faltan en ese altar.
No es «blue Yamaha», «escapulario»;
no es «interrogación».
Cuando el prójimo escupe,
cuando tu negra dice «azúcar»,
cuando te vas, Bazén,
me quedo solo, redactando obituarios
que son uno. Pero a la vez soy libre,
uno y diez mil, tu sensación de Brooklyn.
Cuando al Gallego Regueral lo dan por muerto,
muy pocas nubes faltan en ese altar,
la nubia-novia se desnuda.
Vuelvo con los egipcios,
llamo otra vez: ya no te quiero.

Yo soy poeta. Yo evado
el asunto y luego
lo armo en la oscuridad.

X

Yo pienso en libros,
en overdues, mientras anuncian
la «noche más fría del año».
Un beso en el sueño,
en la contemplación aérea
de tus ojos —hechos para mirarme,
para ver en ellos mi nariz—,
me salva un veintiuno de diciembre.
Un pez ha saltado en la bahía,
una estrella ha caído.
Hoy para ti yo pido paz,
tranquilidad, turrón de Alicante.
Con «un grito sencillo»,
voy del cuerpo a su luz,
del polvo al oro.
Te beso en el sueño y en la muerte.

Círculo

Esta serpiente
que no se acaba
ni empieza nunca;

este milagro
junto a las piedras,

¿contiene acaso,
como tus ojos,
el dulce alivio?

¿Quieres quedarte?

Armo una casa de palabras, tapo los agujeros que filtran el vacío. Fui más feliz soñando. Por las ciudades del intento, high sin nada, seguí muchas veces al bicho luminoso, guía sin más destino que guiar. Me queda memoria de ese mundo. Se esconde debajo de la pena, de la maraña actual, del recuerdo incesante de tu boquita. Allí también crece la campana –aunque no existe–, no se tropieza con los objetos ni con la historia. No es extraño escuchar: «¿Quieres quedarte?» Frente a la tentación sin cuerpo, el hombre aprende algo de sí –salidas que podría, sin lío, usar en la tierra. Un día el corazón me dolerá por última vez. Éste espera por éste. Necesita su nombre de regreso, aclarar los detalles de la misión, considerar lo de la séptima puerta. Si voy, si abren, si miran bien mi cara, entenderán lo que difícilmente logro explicar en vida. Armo una casa mientras espero su destrucción. Dejo señales.

Canciones iguales: *el primer puente*

Manuel Sosa

Alcides Herrera presumía de una condición póstuma, cuya esencia se basaba en su obra inédita, si de libros se trataba. Porque su poesía era conocida en los medios virtuales, sobre todo; y es cierto que llegó a publicar en alguna antología y varias revistas, pero cuando afirmaba ser póstumo, no estaba precisamente paladeando un chiste o argumentando alguna de sus típicas salidas: más bien el deseo de no pertenecer a ninguna cofradía, siempre bien representadas, siempre dispuestas a exponerse sin pudor. Hubiera preferido no publicar, y asumir la rara entereza de hacer una obra a la sombra, sin expectativas que no fueran el regocijo de escribir y entonces apartarse del suceso. Poco antes de morir, asimilando alguno de mis habituales reproches, así me dijo: «Cuando yo no esté, ya te encargarás de enjuiciarlo todo y decidir qué se publica o no». Otros vendrían a clasificar y compilar, cada cual a su gusto: lo asumía como algo inevitable. Para armar un libro, dijo, había que comportarse con todo el civismo que requiere la confección de un pasaporte nuevo.

Así y todo, tuvo intercambios con dos editoriales. Uno de sus posibles libros se llamaría *Canciones iguales*. Y tuvo tiempo para revisar y organizar algunos poemas, aquellos escritos en sus primeros años de exilio; también los que concibió en la isla, dictados por sus devociones tempranas: la fe, la humildad, lo esotérico, la cábala, los sacramentos. Si bien por entonces concebía la escritura como un acto minimalista, muy pronto comenzó su obsesión con aquellos lugares por donde pasó, los nombres referenciales, el acecho del otro idioma, algo de desenfado y humor; a la vez los nombres de sus deferencias, marcadas por la Circunstancia, que en su caso nunca fue precisamente maldita. El apunte del dato, su especificidad, la mención de tal sitio o persona ya les haría intemporales.

La poesía inicial de Alcides denotaba ese sitio ubicuo, ese no pertenecer a un proceso (exilio, condición) territorial, que tanto marcó a quienes le rodeaban (los que insistían en hacer música o literatura) y que llenaban páginas con el significado de la extrañeza de esos símbolos: el desplazamiento, el alejamiento de asideros tan usuales como el país y su carga metafísica. Pero no Alcides. El hecho de no pertenecer a nadie, a nada, le daban suficiente libertad para cargar una retórica propia e inusitada. Su única dependencia, en todo caso, sería el distanciamiento de esos idearios formales que usualmente derivan en queja, en lástima o conversión al tono del otro paisaje. Nada mejor que el regocijo de inventar (dictar) el pulso del entorno. Así pudo decir.

Porque el asunto «exilio» ya estaba tocado desde las primeras indagaciones, ante el grumete precoz y alerta. ¿Qué cosa es no cumplir expectativas en una provincia resguardada por antologías y discursos de redención? Recuerdo su primer poema, plagado por faltas de adolescencia, y su promesa de no volver a repetirlas. Alcides sabía de antemano que «poeta» era una designación corriente, que ni siquiera explicaba los actos, las actitudes que disfrazan un término que debía recoger la parte verosímil: la voz que debe ser audible, la experiencia que debe ser constatada, el designio que debe tener fundamento vivencial. Y el sino de poeta, puede decirse en su caso, sigue el curso de la escritura como mismo sigue lo tangible del hecho cercano, la biografía de quien amontona una cuartilla tras otra, para luego olvidarlas.

Canciones iguales parte de esa premisa. Al poeta le han regalado ciertos dones que no son siempre la palabra. Está la delineación escueta, contornos simbólicos, la melodía insistente, la broma que irrita pieles delicadas. Su cuaderno de notas, acaso bitácora, manifiesta la línea sustancial, algún estribillo que se paladea sin pensar en su concepto, porque repetirlo es ya transgresión suficiente. Así quede este libro, asentado sobre la certeza y el ingenio, como primera aseveración de aquel Alcides iniciático, quien despertó alguna vez con el dolor de exponerse de otros modos: retomando los símbolos por medio del verbo, y seguir de esa manera el mismo trazado, la misma certidumbre que conoció desde el principio.

Agradecimientos

La edición de este libro no hubiera sido posible sin la generosidad de ciertas personas que repasaron sus archivos personales y los dieron a la luz: María Raquel Rodríguez, Lisa Martin, Nilda Venegas y Julie Dahl.

Catálogo Bokeh

ABREU, Juan (2017): *El pájaro*. Leiden: Bokeh.

AGUILERA, Carlos A. (2016): *Asia Menor*. Leiden: Bokeh.

— (2017): *Teoría del alma china*. Leiden: Bokeh.

AGUILERA, Carlos A. & MOREJÓN ARNAIZ, Idalia (eds.) (2017): *Escenas del yo flotante. Cuba: escrituras autobiográficas*. Leiden: Bokeh.

ALABAU, Magali (2017): *Ir y venir. Poesía reunida 1986-2016*. Leiden: Bokeh.

— (2019): *Mordazas*. Leiden: Bokeh.

ALCIDES, Rafael (2016): *Nadie*. Leiden: Bokeh.

ANDRADE, Orlando (2015): *La diáspora (2984)*. Leiden: Bokeh.

ARMAND, Octavio (2016): *Concierto para delinquir*. Leiden: Bokeh.

— (2016): *Horizontes de juguete*. Leiden: Bokeh.

— (2016): *origami*. Leiden: Bokeh.

— (2019): *El lugar de la mancha*. Leiden: Bokeh.

— (2019): *Superficies*. Leiden: Bokeh.

AROCHE, Rito Ramón (2016): *Límites de alcanía*. Leiden: Bokeh.

BLANCO, María Elena (2016): *Botín. Antología personal 1986-2016*. Leiden: Bokeh.

CABALLERO, Atilio (2016): *Rosso lombardo*. Leiden: Bokeh.

— (2018): *Luz de gas*. Leiden: Bokeh.

CALDERÓN, Damaris (2017): *Entresijo*. Leiden: Bokeh.

CASTAÑOS, Diana (2019): *Yo sé por qué bala la oveja mansa*. Leiden: Bokeh.

— (2019): *The Price of Being Young*. Leiden: Bokeh.

CINO, Luis (2022): *Volver a hablar con Nelson*. Leiden: Bokeh.

Columbié, Ena (2019): *Piedra*. Leiden: Bokeh.

Conte, Rafael & Capmany, José M. (2019): *Guerra de razas. Negros contra blancos en Cuba*. Leiden: Bokeh, colección Mal de archivo.

Díaz de Villegas, Néstor (2015): *Buscar la lengua. Poesía reunida 1975-2015*. Leiden: Bokeh.

— (2015): *Cubano, demasiado cubano. Escritos de transvaloración cultural*. Leiden: Bokeh.

— (2017): *Sabbat Gigante. Libro primero: Hojas de Rábano*. Leiden: Bokeh.

— (2018): *Sabbat Gigante. Libro segundo: Saigón*. Leiden: Bokeh.

Díaz Mantilla, Daniel (2016): *El salvaje placer de explorar*. Leiden: Bokeh.

Espinosa, Lizette (2019): *Humo*. Leiden: Bokeh.

Fernández Fe, Gerardo (2015): *La falacia*. Leiden: Bokeh.

— (2015): *Notas al total*. Leiden: Bokeh.

Fernández Larrea, Abel (2015): *Buenos días, Sarajevo*. Leiden: Bokeh.

— (2015): *El fin de la inocencia*. Leiden: Bokeh.

Ferrer, Jorge (2016): *Minimal Bildung. Veintinueve escenas para una novela sobre la inercia y el olvido*. Leiden: Bokeh.

Gala, Marcial (2017): *Un extraño pájaro de ala azul*. Leiden: Bokeh

Galindo, Moisés (2019). *Catarsis*. Leiden: Bokeh.

Garbatzky, Irina (2016): *Casa en el agua*. Leiden: Bokeh.

García, Gelsys (2016): *La Revolución y sus perros*. Leiden: Bokeh.

García, Gelsys (ed.) (2017): *Anuncia Freud a María. Cartografía bíblica del teatro cubano*. Leiden: Bokeh.

García Obregón, Omar (2018): *Fronteras: ¿el azar infinito?* Leiden: Bokeh.

Garrandés, Alberto (2015): *Las nubes en el agua*. Leiden: Bokeh.

Gómez Castellano, Irene (2015): *Natación*. Leiden: Bokeh.

González Nohra, Fernando (2019): *Con sumo placer*. Leiden: Bokeh.

Guerra, Germán (2017); *Nadie ante el espejo*. Leiden: Bokeh.

Gutiérrez Coto, Amauri (2017): *A las puertas de Esmirna*. Leiden: Bokeh.

Harding Davis, Richard (2019): *Notes of a War Correspondent*. Leiden: Bokeh, colección Mal de archivo.

Hernández Busto, Ernesto (2016): *La sombra en el espejo. Versiones japonesas*. Leiden: Bokeh.

— (2016): *Muda*. Leiden: Bokeh.

— (2017): *Inventario de saldos. Ensayos cubanos*. Leiden: Bokeh.

Hondal, Ramón (2019): *Scratch*. Leiden: Bokeh.

Hurtado, Orestes (2016): *El placer y el sereno*. Leiden: Bokeh.

Jesús, Pedro de (2017): *La vida apenas*. Leiden: Bokeh.

Kozer, José (2015): *Bajo este cien*. Leiden: Bokeh.

— (2015): *Principio de realidad*. Leiden: Bokeh.

Lage, Jorge Enrique (2015): *Vultureffect*. Leiden: Bokeh.

Lamar Schweyer, Alberto (2018): *Ensayos sobre poética y política. Edición y prólogo de Gerardo Muñoz*. Leiden: Bokeh, colección Mal de archivo.

Lukić, Neva (2018): *Endless Endings*. Leiden: Bokeh.

Marqués de Armas, Pedro (2015): *Óbitos*. Leiden: Bokeh.

Miranda, Michael H. (2017): *Asilo en Brazos Valley*. Leiden: Bokeh.

Morales, Osdany (2015): *El pasado es un pueblo solitario*. Leiden: Bokeh.

Morejón Arnaiz, Idalia (2019): *Una artista del hombre*. Leiden: Bokeh.

Méndez Alpízar, L. Santiago (2016): *Punto negro*. Leiden: Bokeh.

Padilla, Damián (2016): *Phana*. Leiden: Bokeh.

Pereira, Manuel (2015): *Insolación*. Leiden: Bokeh.

Ponte, Antonio José (2017): *Cuentos de todas partes del Imperio*. Leiden: Bokeh.

— (2018): *Contrabando de sombras*. Leiden: Bokeh.

PORTELA, Ena Lucía (2016): *El pájaro: pincel y tinta china*. Leiden: Bokeh.

— (2016): *La sombra del caminante*. Leiden: Bokeh.

— (2020): *Cien botellas en una pared*. Leiden: Bokeh.

PÉREZ CINO, Waldo (2015): *Aledaños de partida*. Leiden: Bokeh.

— (2015): *El amolador*. Leiden: Bokeh.

— (2015): *La isla y la tribu*. Leiden: Bokeh.

— (2019): *Apuntes sobre Weyler*. Leiden: Bokeh.

QUINTERO HERENCIA, Juan Carlos (2016): *El cuerpo del milagro*. Leiden: Bokeh.

RODRÍGUEZ, Reina María (2016): *El piano*. Leiden: Bokeh.

— (2018): *Poemas de navidad*. Leiden: Bokeh.

SAUNDERS, Rogelio (2016): *Crónica del decimotercero*. Leiden: Bokeh.

STARKE, Úrsula (2016): *Prótesis. Escrituras 2007-2015*. Leiden: Bokeh.

SÁNCHEZ MEJÍAS, Rolando (2016): *Mecánica celeste. Cálculo de lindes 1986-2015*. Leiden: Bokeh.

TIMMER, Nanne (2018): *Logopedia*. Leiden: Bokeh.

VALDÉS ZAMORA, Armando (2017): *La siesta de los dioses*. Leiden: Bokeh.

VEGA SEROVA, Anna Lidia (2018): *Anima fatua*. Leiden: Bokeh.

VILLAVERDE, Fernando (2016): *La irresistible caída del muro de Berlín*. Leiden: Bokeh.

— (2016): *Los labios pintados de Diderot*. Leiden: Bokeh.

WILLIAMS, Ramón (2019): *A dónde*. Leiden: Bokeh.

WITTNER, Laura (2016): *Jueves, noche. Antología personal 1996-2016*. Leiden: Bokeh.

ZEQUEIRA, Rafael (2017): *El winchester de Durero*. Leiden: Bokeh.

— (2020): *El palmar de los locos*. Leiden: Bokeh.